Greer Allica

Entdecke deine innere Ruhe

Fotografien von Ruth Tappa

SCHERZ

Es ist so leicht, sich auf das Negative in sich selbst und anderen zu konzentrieren. Stell das Gleichgewicht wieder her, indem du deine Aufmerksamkeit auf das richtest, was positiv und bejahend ist.

Dem Leben zugewandt

Offen sein

Wenn du dein Herz öffnest, betrachtest du andere Menschen nicht länger als Bedrohung.

Reise in die Zukunft – ein Jahr weiter, fünf Jahre,

zehn Jahre. Wo befindest du dich?

Was tust du? Welche Menschen umgeben dich?

Zeitsprung

Altes loslassen

Gib Kleidungsstücke, die du länger nicht getragen hast, an jemand anderen weiter. Du befreist dich damit von äußerem und vielleicht auch innerem Ballast – offensichtlich hat sich etwas verändert, dass du diese Kleider nicht mehr tragen magst. Lass Altes los und wende dich der Zukunft zu.

Stell dir einen alten Menschen voller Weisheit und Lebenserfahrung vor, der in einer Höhle in den Bergen lebt. Unternimm in Gedanken eine Pilgerreise dorthin. Bring ihm ein Geschenk, und setze dich zu Füßen des Einsiedlers nieder. Stelle eine Frage, die dich innerlich beschäftigt, und die du allein nicht beantworten kannst. Hör gut zu und unterbrich nicht!

Der Einsiedler

Den Ausgleich suchen …

… zwischen Traum und Realität, zwischen Arbeit und Freizeit, zwischen deinem Körper und deiner Seele, zwischen männlicher und weiblicher Seite, zwischen rationaler linker und intuitiver rechter Gehirnhälfte. Der Ausgleich zwischen den verschiedenen Aspekten deines Lebens wird dir größere Harmonie bringen.

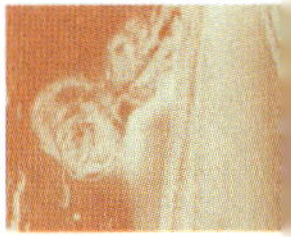

Ein befreiender Moment

Nichts in deinem Leben kann sich verändern, wenn du es nicht zulässt. Inneres Loslassen ist ein Spiegel der äußeren Befreiung; löse dich deshalb von etwas Äußerlichem; es wird dich auch innerlich befreien.

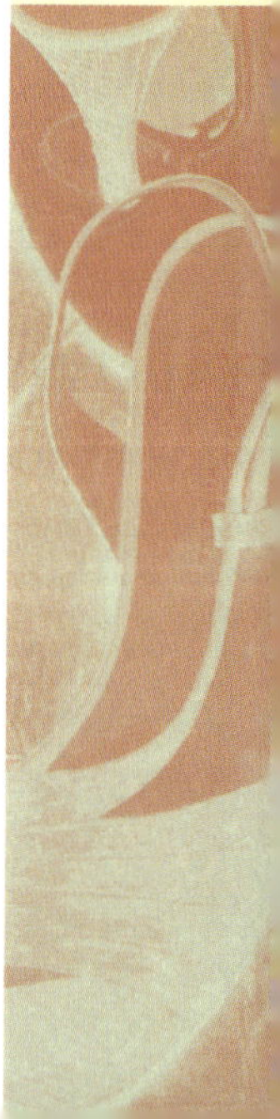

37
37

Wenn du einen Kieselstein ins Wasser wirfst, kräuseln Ringe die Wasseroberfläche. Sie breiten sich in immer größeren Kreisen aus, bis sie schließlich verschwinden und das Wasser wieder ruhig daliegt. Stell dir vor, deine Probleme sind kleine, harte Kieselsteine. Welches sind die Ringe, die du um deine Steine herum geschaffen hast? Wer – außer dir – ist von dem betroffen, was du verursachst?

Kreise im Wasser

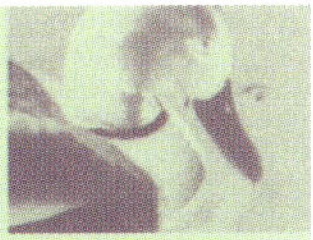

Zuwendung

Mach jemandem, den du liebst,

ein kleines Geschenk.

Ein Schritt auf einmal

So, wie das Sprichwort sagt: Man kann nicht rennen, bevor man gehen kann – so kann man keine Wunder über Nacht vollbringen, und auch das Wissen, was man als Nächstes tun soll, kommt erst nach und nach. Gehe Herausforderungen in kleinen Schritten an. Das gibt dir Zeit zu überlegen, welchen Schritt du als Nächstes tun willst – und jeder Schritt verleiht dir Sicherheit.

Das innere Kind

Man vergisst leicht, dass in jedem Menschen immer auch noch das Kind lebendig ist, das er einmal war. Dieses «Kind» ist spontan, neugierig, fröhlich und staunt über alles. Das Kind hat von Natur aus Vertrauen. Vertrau dem Kind in dir.

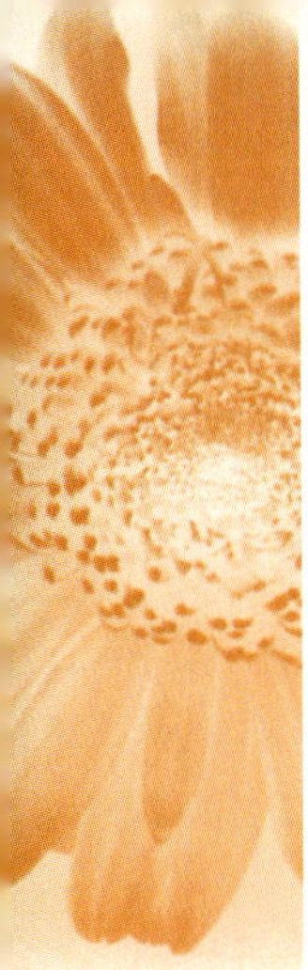

Energie tanken

Stell dir eine Lichtspirale vor, die sich von den Sohlen deiner Füße bis über deinen Kopf bewegt. Atme Energie ein. Lege deine Hände auf deine Körpermitte, während du in den Bauch ein- und ausatmest. Wiederhole die Übung fünf Minuten lang.

Feiere!

Gib ein Fest, um deinen Freunden zu danken.

CRISTAL
d'Arques

18

18

18

Die Kraft des Geistes

Was du denkst und wie du handelst, schafft eine Atmosphäre um dich, die andere Menschen beeinflusst. Du hast die Macht, die Welt um dich herum wenigstens ein kleines bisschen zu verändern. Unterschätze oder vernachlässige diese Kraft nicht. Fördere sie.

Freu dich!

Es ist so leicht, alles, was man hat, für selbstverständlich zu halten. Freu dich über deine guten Eigenschaften. Danke im Geiste den Menschen, die dir dein Wissen weitergegeben und dich unterstützt haben.

Helden und Heldinnen ...

... können Modelcharakter haben, sie können inspirieren und aufbauen. Wen bewunderst du? Und warum? Welche Qualitäten verkörpern diese Menschen für dich?

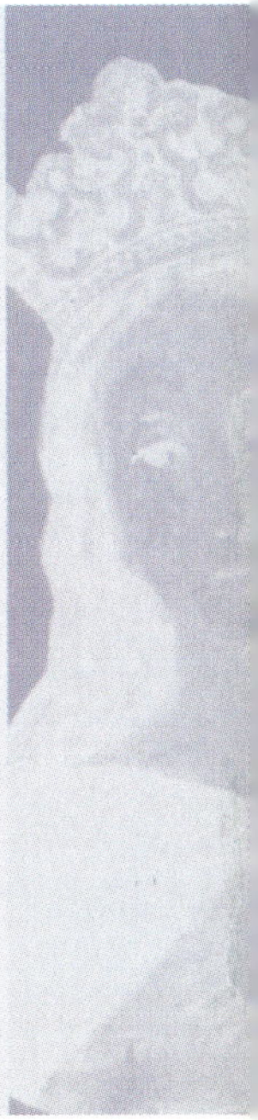

Ballast abwerfen

Stell dir ein Haus vor. Gehe durch alle Zimmer

und trenne dich von überflüssigen Dingen.

Lade das eingesammelte Gut auf einen Lastwagen.

Lass den Ballast aus deinem Leben verschwinden.

Kehre in ein aufgeräumtes Haus zurück.

Wie geht es dir jetzt?

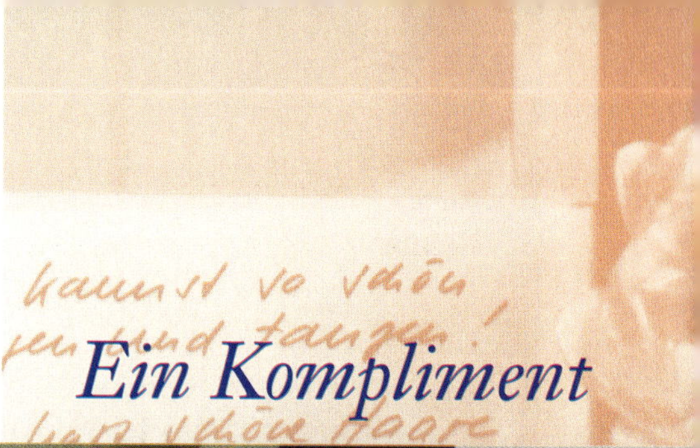

Ein Kompliment

Die eigenen Qualitäten hält man oft für selbstverständlich. Behauptest du auch «Jeder kann das» oder «Das hätte doch jeder getan», wenn man dir ein Kompliment macht? Das nächste Mal, wenn du ein Kompliment bekommst, schreib es auf und stecke es hinter den Spiegel oder hänge es dir an den Kühlschrank.

Die Hand ausstrecken

Schreib einen Brief oder eine Karte oder ruf eine Person an, die dir wichtig ist. Lass sie wissen, wie sehr und aus welchem Grund du sie schätzt.

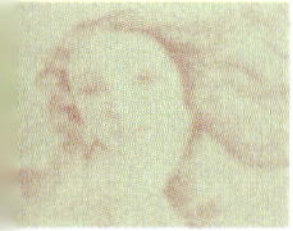
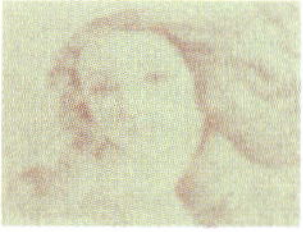
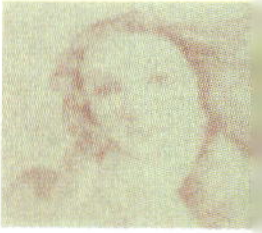

CINA DI MARE
MI PIATTI D'ITALIA
COOKING CALENDAR 2001

Aktiv entscheiden …

… und leichter durch die Untiefen segeln.

Wenn du passiv bist und darauf wartest,

dass die Situation oder die Umwelt für dich

entscheidet, gibst du deine Freiheit auf.

Du hast in jeder Situation eine Wahl.

Du entscheidest, wie du etwas einschätzt,

und Du entscheidest, wie du handeln willst.

Eine andere Sichtweise

Wenn du dein Leben durch die Augen eines Kindes betrachtest und dir dabei die positive Wahrnehmung eines Kindes aneignest – wie würdest du die Dinge sehen? Welche kindlichen Eigenschaften hättest du gerne in höherem Maße? Lasse sie zu.

-14-
DUKKEBALLET

Öffne dich …

… der Welt, die dich umgibt. Was hörst du, was siehst du, was hast du heute eigentlich erlebt? Sei neugierig. Gehe auf die Welt zu.

Strebe nur das an, was auch in deinen Möglichkeiten liegt. Erkenne deine eigenen Fähigkeiten und Stärken, deine Ausdauer. Überfordere dich nicht, nur weil du meinst, andere erwarten dies oder jenes von dir. Niemand kann dir mehr über deine eigenen Grenzen sagen als du selbst. Hör auf dich.

Die eigenen Grenzen erkennen

Erste Auflage Herbst 2001

Die Texte stammen aus Greer Allica: «Meditation is easy» «Easy Steps to Healing».

Übersetzt aus dem Englischen von Maja Ueberle-Pfaff und Christine Dorn

Layout und Schutzumschlaggestaltung: Franziska Muster